Antje Sabine Naegeli

Dass die Nacht dir Frieden bringt

EINE WEGBEGLEITUNG

Eschbach

Es ist nicht leicht, in unserer lauten, oft so grellen Welt einen Ort zu finden, wo du bewusst erleben kannst, wie der Abend sich langsam herabsenkt. Das allmähliche Eindunkeln trägt etwas sehr Behutsames in sich. Es ist, als klopfe die Nacht zuerst vorsichtig an, bevor sie die Welt in Besitz nimmt, als lasse sie uns Zeit, uns innerlich auf das Dunkel einzustimmen. Die Dämmerung ist die tägliche Einladung an uns, langsamer zu werden und nach und nach die Dinge des Tages aus der Hand zu legen.

Ob du dein Ziel
erreicht hast oder nicht,
lass es gut sein.
Klopfe den Tag
von den Füßen.
Die Nacht fragt nicht
nach deiner Leistung.
Ob viel, ob wenig,
gib es aus der Hand.
Sieh es als dein Recht an,
die Dinge ruhen zu lassen
und still zu stehen.

Es ist ein Stück Lebenskunst, die ganz alltäglichen Dinge bewusst zu tun. Wo wir sie allzu selbstverständlich vollziehen, geht uns die Erfahrung verloren, dass es nicht nur den täglichen Trott, sondern auch das tägliche Beschenktsein gibt. Welche Wohltat etwa bedeutet es, nach den Anforderungen des Tages ruhen zu dürfen, sich einzuhüllen in eine wärmende Decke und sich vom Schlaf in die Welt der Träume führen zu lassen. Ganz ohne unser Zutun, ohne unsere Anstrengung erneuert der Schlaf unsere körperlichen und seelischen Kräfte.

Um zur Ruhe zu finden, ist es wichtig, sich bewusst vom Tag zu verabschieden. Hilfreich ist es, wenn wir einen Übergangsritus finden, den wir möglichst regelmäßig vollziehen: Die Uhr vom Handgelenk streifen, eine Kerze anzünden, eine Tasse Tee genießen, eine zarte Musik hören, einen kleinen Spaziergang machen, oder was immer uns helfen mag, Abstand vom Tagesgeschehen zu gewinnen. Je besser es uns gelingt, eine Schwelle zwischen Tag und Nacht zu setzen, desto nachhaltiger werden wir die Wohltat des Feierabends erfahren.

Noch einmal schaue ich
dem vergehenden Tag nach
und sammle, was gut war,
in meine Erinnerung.
Fragen bleiben zurück.
Ich weiche ihnen nicht aus.
Ich gebe das Ungelöste
aus der Hand.
Ich schließe Frieden
mit diesem Tag,
wo er hinter meiner Erwartung
zurück blieb,
Frieden mit meinen Grenzen.
Dich suche ich,
du große Kraft,
die mich durch meine Tage
und Nächte trägt.
Lass mich aufgehoben sein in dir,
wenn der Schlaf mich mit sich nimmt
einem neuen Morgen entgegen.

Dem Tag verzeihen,
dass er sein Versprechen
nicht gehalten hat.
Die Tür hinter ihm schließen.
Mich tragen lassen
ans Ufer der Nacht.
Den Schlaf erwarten
wie einen Freund
und vielleicht
meinem Engel begegnen.

Der Tag fordert,
die Nacht lehrt dich
lassen,
du darfst Kind sein
in ihrem Schoß.

Kahler Tag,
Wüste aus Stein,
in der sich meine Spur
verliert,
Die Nacht
schweigt mir Trost zu,
hängt einen Stern
in meinen Dornenstrauch.

Mich wundert's,
dass die Sterne
nicht müde werden,
uns zu leuchten,
obwohl die Menschen
keine Zeit mehr
für sie haben
und keine Sprache,
ihnen zu antworten.
Vielleicht
haben sie die Hoffnung
nicht aufgegeben,
dass wieder Augen sich öffnen
für das Wunderbare.

Und du weißt wirklich nicht, was das ist, ein Mondharfenlied, fragte das Kind erstaunt. Der alte Mann schüttelte ratlos den Kopf. Das Kind dachte lange darüber nach, warum ein Mensch so viel länger auf der Welt war und dennoch keine Ahnung hatte von etwas so Wichtigem. Es ist so, begann es vorsichtig, wenn du spät abends am Fenster stehst und in den Sternenhimmel hinaufschaust, dann wird es stiller und stiller. Und wenn es ganz still geworden ist, auch in deinem Herzen, dann kannst du auf einmal das Mondharfenlied hören. Es kann dich sehr glücklich machen.

An diesem Abend stand der alte Mann lange am Fenster, richtete seinen Blick zum Himmel, aber das Mondharfenlied hörte er nicht. Auch am folgenden Abend stand er dort. Nichts geschah.
Am dritten Abend wollte er fast schon aufgeben, aber er versuchte es noch einmal.

Da musste er plötzlich daran denken, dass er vor langen Jahren als ein kleiner Junge genauso dagestanden und in die Nacht hinaus geschaut hatte. Und auf einmal, während er die Mondsichel betrachtete, hörte er einen leisen, unendlich schönen Klang. Das Mondharfenlied. Er wusste es sofort. Und er begriff im gleichen Augenblick, warum die meisten Menschen nichts hörten, wenn sie den Nachthimmel anschauten und warum auch er nichts gehört hatte bislang.

Das Geheimnis ist dies, dachte der alte Mann: Nur wer sich an seine Kinderaugen erinnert, der kann das Lied hören. Er war auf einmal sehr glücklich. Wenn du abends im Dunkeln an seinem Haus vorbeigehst, dann kannst du ihn vielleicht hinter der Fensterscheibe erkennen. Du weißt, dass er dann das Mondharfenlied hört.

Manchmal folge ich
der Einladung des Sommers
zu einem mitternächtlichen Spaziergang.
Wenn das Laute sich zurückgezogen hat
und die Augen ausruhen können
im sanften Dunkel,
bekommen Düfte eine besondere Intensität.
Einer meiner Sommernachtswege
führt durch einen alten Park.
Er ist umsäumt von üppigen Jasminsträuchern,
deren Blüten einen süßlich schweren Duft
verströmen.
Was es ist, kann ich nicht wirklich erklären,
aber es kommt auf diesem mitternächtlichen Weg
ein seltsamer Friede über mich,
eine Ahnung vielleicht von einem fernen Paradies.

So soll es sein,
dass die Nacht dich befreit
von der Last schwerer Gedanken
und der Schlaf dich
in sein schützendes Zelt nimmt.

So soll es sein,
dass deine Träume
dir Trost wissen
und der Engel
ein Heilwort spricht.

So soll es sein,
dass die Nacht
dir Frieden bringt
und Zuversicht erwacht,
während du im Schlaf liegst.

Manchmal,
über Nacht,
erwacht eine Quelle
zum Leben.

Manchmal,
über Nacht,
beginnt es zu grünen
am kahlen Zweig.

Manchmal,
über Nacht,
bringt ein Traum
dir das Licht zurück.

Manchmal,
über Nacht,
hat dich
ein Engel besucht.

Große schöne Nacht,
birgst mich
in deiner Höhle.
Sammelst
die verstreute Herde
meiner Gedanken,
sie heimzuführen
ins Schweigen.
Tröstend grüßen mich
meine Freunde, die Sterne,
bereit, mich mitzunehmen
auf den Traumpfad.